아내 사랑의 연작시

結婚紀念日 膳物

회혼식을 앞두고서
사랑하는 아내 오일영 권사에게
이 시집을 선물합니다.

아내 사랑의 연작시

結婚紀念日 膳物

이재홍 시집

한강

서문

최광호 | (사)한국문화예술연대 이사장·시인 |

  금번에 상재한 이재홍 시인의 아내 사랑의 연작 시집 『결혼기념일 선물』은 무척 감동적으로 읽힌다. 이재홍 시인의 시를 읽으면서 시인의 풍요롭고 따뜻한 마음에서 시적 감흥을 한없이 느낄 수 있었다.
  아내에 대한 사랑은 어떠한 계산법으로 측정되지 않으며 그러한 것을 계산할 기회도 가지지 못한다. 그냥 사랑은 대상을 생각함으로써 비로소 행복한 것이다. 바로 시인은 아내의 사랑을 통해 인간의 본질적 사랑이 얼마나 중요한지를 보여 주고 있다.

  반백의 아내/ 그 깊은 속에는/ 포근하고 따뜻한 마음씨가 살아 있다/ 나를 이해하는 마음이 있다// 세월 속에/ 아내는 모든 것을 다 묻어 버렸다/ 그리고/ 일평생 남모르게 흘린 눈물로/ 머리털을 흰빛 나게 씻은 아내//

아내의 그 깊은 속에는/ 핏줄을 통하여/ 대대로 이어지는 사랑의 고향이 있다/ 대대로 이어 가는 생명의 고향이 있다.
　　　　　　　　　　　　　─〈생명의 고향〉 일부

　시인에게 있어 삶의 지혜를 깨치게 하는 것은 구체적으로 말하면 사랑이다. 그것도 아내의 사랑이다. 이는 단순한 사랑이 아닌 삶의 중심으로 환치되고 있다. 이런 아내의 사랑은 시인에게 있어 순결한 모성이며 존재의 필연성이다. 아울러 이를 바탕하여 시인은 강렬한 생명의 의지를 발현하고 있으며 달리 말하면 시적 의지를 내보이고 있다.

　아내에게는/ 황금 보석의 장신구가 없다/ 그러나∥ 눈을 감아도 느껴지는 행복이 있다/ 삶의 끝에 가서/ 하늘에 들어갈 영혼이 있다/ 하늘빛으로 파아랗게 물들어 가는/ 기도 속의 영혼이 있다.
　　　　　　　　　　　　　─〈없어도 있다〉 일부

　물질 지상주의의 거센 파고에 모든 존재는 물질의 교환가치로 평가되는 세상이다. 물질의 소유가 무한한 진보의 가치 개념으로 둔갑한 오늘날 인간의 존엄성이란 있을 수 없다. 이러한 시대에 시인은 없음이 허물이 될 수 없다고 노래하고 있다. 무엇보다도 시인은 우리가 잃어 가는 공동의 사랑에 대해 다시금 생각게 하고 물신의 시대를 살아가는 우리에게 인간애와 정신적인 것의 소중함을 일깨우고 있다.

  시인의 시작품을 몇 마디의 서문으로 말한다는 것은 그리 용이한 작업은 아니지만 그래도 시집 전반에 형성된 흐름을 언급함으로써 시인의 시적 의도를 어느 정도는 규명할 수 있지 않을까 하는 바람을 가져본다.
  이재홍 시인의 시집 전반에 나타나고 있는 생명성을 중시한 사랑의 시적 상상력은 세속화되어 혼탁한 세상에 청류와 같은 맑은 생기와 활력을 제공하고 있음은 분명하다. 바로 이재홍 시인은 아내의 내면에서 사랑(인간애)의 가치를 발견하고 그것을 통해 세상을 따뜻하게 밝히고자 예민한 감성으로 인간 삶의 진실을 시화詩化하고 있다. 이는 사랑을 통한 밝은 미래를 꿈꾸고자 하는 시인의 의지의 반영이며 사랑에 대한 믿음이기도 하다.
  이재홍 시인의 아내 사랑의 연작 시집 『결혼기념일 선물』의 출간을 축하하며 독자의 한 사람으로서 시인의 고결한 인품에 경의를 표하면서 서문 몇 자 남긴다.

2018년 8월
문학공간사에서

시인의 말

❀

 아내와 함께 회혼식을 앞두고서 참으로 감회가 깊습니다. 세상 그 많은 사람들 중에서 부부가 되는 것은 하나님이 정해 주는 연분인 것을 실감하면서 지냈습니다. 부부는 태고로부터 인류의 생명적 원천이 되고 행복한 사랑의 산실이 되며 진실하고 값진 삶의 창조자가 되는 것입니다.
 평생 함께 살면서 아내의 헌신적 내조가 있었고, 사랑의 정을 주고받으며 행복함을 느낄 때마다 시로 쓰지 않을 수 없었습니다.
 앞서 출판한 네 권의 시집이 주제도 같은 연작 시집인데 세상에서 절판되어 안타까운 마음으로 그중에서 몇 편의 시를 뽑아 새로 쓴 시와 함께 실었습니다.
 출판에 도움을 주신 월간《문학공간》최광호 주간님께 감사를 드립니다.

2018년 여름
이재홍

이재홍 시집 **결혼기념일 선물**

□ 서문 | 최광호
□ 시인의 말

제1부 고마운 손

결혼기념일 ——— 15
남편의 사랑 ——— 17
고마운 손 ——— 18
세상의 누구보다 ——— 20
두 개의 촛불 ——— 22
꿈 ——— 24
꽃의 가시 ——— 26
아내 · 21 ——— 28
마음의 빈자리 ——— 30
하늘색 마음 ——— 31
새 삶의 하늘 ——— 32
내 꿈의 시작 ——— 33
끝내 가는 곳 ——— 35
앞치마 ——— 37
삶의 무게 ——— 39
귓불 ——— 41
숨결의 색깔 ——— 42
아내 · 27 ——— 43
마음의 꽃나무 ——— 45
쌀독 바닥 ——— 47

결혼기념일 선물 　　　　　　　　이재흥 시집

48 ──── 늘 가득 차 있다
49 ──── 선물
51 ──── 부부의 핏줄
53 ──── 고마운 아내
55 ──── 아내 · 55
57 ──── 주고 베풀어서
58 ──── 아내 · 66
60 ──── 아내 · 98
62 ──── 힘 있게 솟은 봉우리
63 ──── 아내 · 20

제2부 하이얀 면사포

67 ──── 짝지어 준
68 ──── 하이얀 면사포
70 ──── 부활의 종소리
71 ──── 나의 몫
72 ──── 아내 · 30
73 ──── 배움
75 ──── 강물이 되어
77 ──── 아내 · 29
79 ──── 참는 미덕

이재흥 시집 결혼기념일 선물

차 례

마음의 잔 —— 80
아내·3 —— 81
저녁노을 —— 83
웃는 눈 —— 84
아내·1 —— 86
하이얀 손수건 —— 88
빠알갛게 익었습니다 —— 89
하도 깊어서 —— 91
생명의 고향 —— 93
아내·86 —— 94
예를 갖추어 —— 96
아내·34 —— 98
자신의 삶 —— 100
아내·22 —— 101
호수 —— 102
아내·10 —— 103
흰 구름자락을 잡는다 —— 105
백자 —— 107

제3부 생명의 전부

생명의 전부 —— 111

결혼기념일 선물　　　　　　　　　이재홍 시집

차 례

113 ──── 가야 하는 길
115 ──── 잘 익은 가을 햇빛을
117 ──── 아내 · 84
118 ──── 속살
119 ──── 하늘빛이 배어들고
120 ──── 분수의 요람
122 ──── 없어도 있다
124 ──── 아내 · 35
125 ──── 생명의 꿈
127 ──── 하나가 되어
128 ──── 아내 · 23
130 ──── 새 생명이 태어나는
132 ──── 아내 · 11
133 ──── 지금은
134 ──── 아내 · 248
135 ──── 인품
136 ──── 한 줄기 강이 있다
138 ──── 아내 · 90
140 ──── 시새움하듯
141 ──── 아내 헌장
143 ──── 내조
145 ──── 마음의 고향

이재홍 시집 결혼기념일 선물

차 례

하늘의 맛 —— 147
속잎처럼 뽀오얗다 —— 148
아내·33 —— 149
곱게 물들어 —— 150
아내·56 —— 152
공기 속에 —— 154
아내·42 —— 155
나를 맴도는 —— 157
등산하면서 —— 158
아내·62 —— 160
뿌리 —— 161
몸이 말라 뒤틀려도 —— 162
아내의 정 —— 163
아내·97 —— 164
마음을 닦는다 —— 166
빛이 나게 —— 168
자랑할 욕심이 없다 —— 169
금혼식 —— 171
내 품에 안겨 —— 173

고마운 손 — 제1부

내 삶의 축을 잡고 밀었습니다
세상의 모진 바람
때로는 가난을 견뎌내라고
고마운 아내의 손이

결혼기념일

서로 다른 모양
서로 다른 색깔로 태어난
남자와 여자

하나님이 맺어 준 연분
부부로 하나가 되어
행복한 사랑의 새 하늘을
창조하는 날
그 뜻이여

부부의 삶
말과 행동은 세상 사람들이
부러워 따르고 싶은 법과 도리

부부의 삶
그 진실하고 값지며 행복한 가정
그 칭송이 자자함
돌에 새겨져 스승답게 세상에 남으리

부부가 다복하여 행복한
사랑의 새 하늘을 창조하는 날
결혼기념일
그 깊은 뜻이여.

남편의 사랑

하늘은 지혜로
구름을 모아 비바람 치다가
성난 바다를 잠재운다

남편의 사랑에 따라
아내는 아름다운 꽃송이로 피어나고
향을 더 품는다

남편의 사랑 때문에
아내는 하이얀 순결을 지니고
인품 어린 언행으로 삶을 엮는다
남다른 부부 사랑의 행복을 창조한다

남편의 진실한 사랑이 있어
아내는
하늘빛으로 물들이는 마음이여
하늘빛으로 닦는 사랑이여.

고마운 손

고마운 손이 있습니다
마디지고 터서 거친 아내의 손이

가진 것 없이
맨손으로 살림을 꾸렸습니다
아이들을 키우며
내 삶의 축을 잡고 밀었습니다
세상의 모진 바람
때로는 가난을 견뎌내라고
고마운 아내의 손이

우리 가정
고마운 손이 있습니다
마디지고 터서 거친 아내의 손이

그 눈물겨운 희생
손가락마다 마디지고
그 몸으로 태운 사랑
손등으로 터져 거친 나무껍질이옵니다

오, 하나님
성경 속에 숨겨 놓은
희생의 손
사랑의 손은
이 아내의 손보다 어떻게 다르옵니까

오, 하나님
차라리 눈을 감고 만져 봅니다
고개를 숙이며 아내의 손을

이 세상
가장 소중하고 사랑스런 손
기도하면서 푸른 하늘 끝까지
내 보람찬 삶을 밀어주는
고마운 손이 여기 있습니다
마디지고 터서 거친 아내의 손이.

세상의 누구보다

아이를 품고서 젖을 먹이는 아내
그 얼굴은
흐뭇하여 눈가에 웃음이 흐른다
그 모습의 평화로움은
인간의 조상으로부터 물려받아
세상에
길이 남을 한 폭의 그림이다

아이를 품고서 젖을 먹이는 아내
부디 건강하라고
체온을 섞어 따뜻하게 먹인다
뼛속 골수까지 다 짜서 먹인다

아이를 품고서 젖을 먹이는 아내
동기간에 우애 있고
이웃과도 잘 어울려 살라고
사랑을 섞어 먹인다
힘주어 더 끌어안으면서

아이를 품고서 젖을 먹이는 아내
소망을 갖고서
하나님 말씀대로 살아가라고
기도의 눈물을 섞어 먹인다
세상의 누구보다 행복하라고.

두 개의 촛불

어머님과 장모님
기도하면서 처음 밝힌 촛불

결혼식장을 밝히고
신부인 아내
신랑인 나의 사랑을 밝힌 불
청홍 두 개의 촛불

지금도
내 가슴속에 타고 있다
아주 화안하게

그리하여
아내와 나의 길
사랑의 길은 영원히 어둡지 않다
해로하는 삶의 끝에 가서
육체가 묻혀도
땅속의 검은 관은
사랑의 불빛이 들어 있고

영혼이 하늘에 들어가도 별처럼
밝은 빛에 싸여 있을 것이다.

꿈

마음이 살찌지 않은
백발노인만 갈 수 있다는 길
눈앞에 머얼리 뻗어
아물아물 길게 하늘에 닿아 있다

평생 흘린 땀과 눈물로
여러 번 닦고
생수로 마지막
차갑게 뽀드득 씻어서
색이 약간이라도 변한 듯한 영혼
냄새가 조금이라도 나는 듯한 영혼은
감히 갈 수가 없는 백발의 길이다

머얼리 바라보고 서 있다
아내와 손을 잡고 서 있다

갑자기
"그래도 우리는 가볼 만한 길이다." 하면서
내 손을 잡아끄는 아내의 손

놀라서 뿌리치다가
소스라쳐 꿈을 깼다.

꽃의 가시

아내
때로는 차갑다 차갑게 느껴진다

내 삶
삶의 깊은 곳에 무엇이 있나
무슨 뜻이 있나

내 일상 쓰는 말과 행동이
돌아가는 세상의 축에 보탬이 되는지

남편으로서
가장으로서 반성하라는 눈치다

가끔 느껴지는 아내의 차가움
꽃에도 마음에 찔리는 가시가 있다

아내의 그 가시에 찔려
내 마음은
하늘 높이의 차원에 숨어서

아프게 반성한다
고맙게 반성한다.

아내 · 21

벗길수록
새 속잎이 나오듯
아내의 마음은
살아갈수록 더 뽀오얗다

체면의 옷을 벗고
욕심도 다 버린
그대로
아내의 마음은 뽀오얗다

나이 먹을수록
뽀오얗게 피어나는 아내의 속마음
나만이 보는
순수함이여
나만이 느끼게 되는
고귀함이여

벗길수록
새 속잎이 나오듯

살아갈수록
뽀오얀 그 마음이여
새 하늘 빛으로 씻은
아내의 마음이여.

마음의 빈자리

초승달이 나지막하다

큰 바윗돌 아랫도리에
이끼 돋듯
소리 없이 내 시심이 숨을 쉰다

초승달
저 둥글게 빈 자리
보름만 지나면 환하게 채워지는데

회혼식을 웃음 섞어 맞이할 아내
그 서글프고
허전한 마음의 빈 자리는
언제
무엇으로
누가 채워 줄 것인가.

하늘색 마음

아내의 마음은 파아랗다
면사포를 쓰고 피어난 꽃송이
처음 본 하늘색에 물들어서

아내의 생각은 산뜻하다
하늘색 마음에서 씻겨 나와서

아내는
해바라기처럼 나를 향하여
내 눈빛을 따라 피어나는 꽃송이다
결혼식 드레스의 순결을 지닌
초가지붕 박꽃 같은 하이얀 꽃이다

그리하여
아내는
내 마음이 찾아가는 순박한 고향
내 사랑이 머무는 행복한 고향이다.

새 삶의 하늘

시간과 공간 속에서
오직 제 색깔로 태어나
존재하는 뜻이여

서로 다른 색깔의 피안에서
잘 어울려 아름다워지는
그 속뜻의 존재여

여기 서로 잘 물들어서
처음으로 생명이 숨 쉬는 삶
성령 속에 아름다운
새 색깔의 부부로
행복하게
새 삶의 하늘을 이루었네.

내 꿈의 시작

아내에게서 처음 느낀 것
이것은
황홀입니다
눈을 감아도 눈을 떠도
인류의 핏줄이
영원히 이어지는 황홀입니다

아내에게서 처음 느낀 것
이것은
내 꿈의 시작입니다
하늘 끝을 모르고 날으는
내 아름다운 꿈
파아란 꿈입니다

아내에게서 처음 느낀 것
이것은
내 삶의 힘입니다
처음 쓰러지는 계곡을 지나
밝은 세상

마지막 큰 보람의 덩이 껴안을 힘입니다

아내에게서 처음 느낀 것
이것은
내 영혼의 행복
그 고향입니다.

끝내 가는 곳

내 마음은
아내의 마음과 함께 가는 곳이 있다
늘 가고 있는 것이다

웃음 눈물
옳다 그르다 하는 세상을 지나서
말없이 가고 있는 곳이 있다
내 마음과 아내의 마음이

다 잠든 깊은 밤에도
어둠 속 바람을 헤치고
가야 하는 곳이 있다
내 마음과 아내의 마음이
하늘 머얼리

아무것도 없는 공간
그저 하늘빛 그곳

평생 성경책 갈피마다

조금씩 닦여 파아란 영혼

그 영혼이
지쳐 쓰러진 내 마음과 아내의 마음 자락을
하아얗게 끌고 들어갈 것이다
끝내 가고 있는 그곳에.

앞치마

내 건강의 고향
아내의 하얀 앞치마

장독대에서 햇빛을 섞어
햇볕에 빨갛게 고추장을 익힌다
그 속에 정성 들여 매콤한 맛을 갈무리한다
아내의 하얀 앞치마

장독대에서 햇빛을 섞어
햇볕에 까맣게 간장을 졸인다
그 속에 정성 들여 짭짤한 맛을 갈무리한다
아내의 하얀 앞치마

내 건강의 고향
아내의 하얀 앞치마

장독대에서 햇빛을 섞어
햇볕에 노르스름하게 된장을 익힌다
그 속에 정성 들여 구수한 맛을 갈무리한다

아내의 하얀 앞치마

내 건강의 고향
아내의 하얀 앞치마

그 정성스런 아내의 음식 속에
바르고 매콤한 생각
야무지고 짭짤한 살림살이
덕스럽고 구수한 인정의 삶이여

내 행복이 숨쉬는
아내의 하얀 앞치마.

삶의 무게

벼룩시장에서
골동품
삼백 근까지 달 수 있는 저울을 보는 순간 반가웠다
고향 집에서도 보던 물건인데

발걸음을 멈추고 아내와 둘이 서 있는데
갑자기 아내가
"저 저울로 우리 부부 삶의 무게를
달 수 있을까?" 하는 소리에
나는 순간 아내의 손을 꼭 잡았다
"나이 들수록 몸무게는 줄어들지만
인생의 무게는 늘어나야 하는데…."
나도 중얼거렸다

아내의 손을 잡고 걸으며
사색에 잠겼다

넉넉지 못한 살림에
부끄럼 없는 부부인지

절망에서 죽어 가는 사람
영혼적인 새 생명으로 구해준
그 헌신이 있는 부부인지

덕을 베풀어
이웃 사람들의 자자한 칭송이
앞산 등성이를 넘어간 일이 있는지.

귓불

여자로서의 수줍음
바알갛게 나타나는 아내의 귓불

귀밑 머리카락에
몸을 반은 숨기고 있다
마치 잎새에 가려진 꽃잎처럼

살냄새가 짙은 곳
취해서 가만히
입술로 물어보는 아내의 귓불

꿈속에서도
귀고리를 달아 보지 못했다
황금이나
보석의 때가 묻지 않은 순결

내 사랑만이 스며들어
바알갛게 물드는 아내의 귓불이여.

숨결의 색깔

세월을 따라
마음이
팔십 년간 올라온 공간 높이를 느끼는데

마침 전시된
미술작품 앞에 섰다

마음의 하이얀색 바탕 위에
꽃송이 하나
소담 지고 화려한 꽃

그 꽃
숨결의 색깔을 찾으려고
눈을 감으니
돌연
아내의 화안한 웃음의 얼굴이 떠오른다.

아내 · 27

아내의 마음
하도 깊어서 바닥을 모른다
하도 넓고 넓어서
그 속에 한없이 난 은
내 마음의 날개
아직도 끝을 가지 못한다

아내의 사랑
그 한없이 피어나는
꽃잎 같은 사랑의 조각들
하도 많아서
밤하늘의 큰 그릇에 담았더니
하나하나 수없이
별빛으로 반짝인다

아내의 마음
아내의 사랑
그 넉넉한 세상
내 영혼 끝없이 날으며

너울너울
날개의 선을 따라 남긴다
사랑의 여운을
행복을 여운을.

마음의 꽃나무

결혼하면서
아내는 내 마음의 꽃나무가 되었다
사철 꽃이 피고
늘 푸른 가지가 흔들린다

그리하여
피로할 때 나는
이 꽃나무 그늘에서 쉰다
물가에서 한 다리로 쉬는 학처럼
아주 평화롭게

결혼하면서
아내는 내 마음의 꽃나무가 되었다
내 호흡에는 늘 이 꽃향이 배어 있고
내 생각은 꽃빛깔이 물들어 있다

그리하여
외로울 때는
이 꽃 향내에 정신 잃고 취한다

황홀하여 핑크빛으로 몸이 녹아 흐르도록

먼 훗날
이 꽃향으로 마지막 호흡을 하게 되리
그리고
이 마음의 꽃나무도 묻히리
하이얀 백발의 내 몸
땅에 묻힐 때.

쌀독 바닥

철없이 자라는 어린것들
반찬 없어도 밥 달라는 아이들
이웃집 아이들 때때옷 질투에
생떼 쓰기
구경 가지 않는다고 신발 내던지기
그러나
쌀독 바닥을 들여다보는 아내
참다가 돌아서서
눈물을 흘리는 아내

그 아내가
내 가슴 찢듯이 고맙다
그러나
아내가 희망적인 '항심'이 있는 한
우리 집엔 '항산'이 따르게 될 것이다

믿고 또 믿어
신발 끈을 조여 매고 떠난다
아침마다 일찍 일터에.

늘 가득 차 있다

내 잔은
늘 가득 차 있다

외로움을 달래는 술이 아니다
실의에 찬
눈물의 잔도 아니다
포도송이 알알이 터진 듯한
달콤한 아내의 사랑이 차 있다

내 잔은
늘 가득 차 있다

마시면
용기와 힘이 솟는 잔
취하면 파아란 하늘에
마음껏 펼칠 꿈이 가득한 잔이다
그리고
내 영혼 편안히 웃음 짓는
혈색보다 진한 아내의 사랑이 차 있다.

선물

값비싼 금은보석이 아니다

오직 남편의 진실한 사랑
따스한 사랑
뜨겁지 않고 항상
마음에 와 닿는 그 은은한 사랑

만져 보면
주머니에 있고
핸드백에 늘 들어 있는 사랑
이불 속에
들어 있는 포근한 사랑
남편의 가슴속
그 깊은 마음에서 우러나는 사랑

깊은 밤
생각 없이 달을 바라보는 아내를
말없이 지켜봐 주는 사랑

이 세상에서
단 하나
남편의 향이 들어 있는
그 값진 사랑의 선물.

부부의 핏줄

우리 부부
아내와 함께
하늘의 뜻에 따랐습니다

우리 부부의 핏줄은
아들 딸 삼남매

우리 부부의 핏줄은
태고로부터 이어져 번지는 인류
그 인류 핏줄에 섞여
눈부시게 퍼지며 파랗게 번성해 나가리
햇빛이 있는 세상에

우리 부부의 핏줄은
대대로 하늘 닿는 꿈을 펼쳐
효도하는 가정에 웃음꽃이 피어나며
땀 흘리는 자국자국마다
복이 고여 넘치리
세상 발전에 보탬이 되는

나름대로의 성공을 하면서
덕을 깔아 놓고 행복을 누리리

하늘의 뜻에 따라
하나님의 보살핌 속에서.

고마운 아내

은혼식을 넘겨
해로하는 우리 부부

아내가 고맙다

그러나 아내는
세상에 부러운 여자 친구가 얼마나 많을까

남편들이 건강하고 멋지다
남편들이 좋은 직장에서 해마다 승진하고
남편들이 사업이 잘 되어 갑부가 되고
남편들이 문화 예술 각 분야에서 대가가 되고
남편들이 사회적으로 권력자가 되고
또
남편들이 바닥에서 죽어 가는 사람들을
남모르게 끝까지 희생적으로
도와주는 일

아무리 높은 교양 인격에서 이해할지라도

순간순간 부러움을 느끼는 아내
사람이기에 눈가에 눈물이 어리는 아내

나는 천길 바닥에 떨어지면서
아내의 눈치를 보는 아픔

오직 기도 속에서
하나님 옷자락을 움켜쥐고 늘어진다.

아내 · 55

흰 수건 고깔 쓰고
창틀에 높이 앉아 있는 아내
손을 들어 춤을 춘다
북소리 장단 없이
걸레 들고 춤을 춘다
먼지로 얼룩진 창을 닦아
화안한 세상 보려고

흰 수건 고깔 쓰고
창틀에 높이 선 아내
아슬아슬 일자 발로
걸레 들고 춤을 춘다
둥글둥글 느리게
짧게 다시 자주 뻗어
먼지로 얼룩진 창을 닦아
파아란 하늘 보려고

흰 수건 고깔 쓰고
창틀에 앉고 서서

자주 빨아 하얀 걸레로
춤을 추는 아내여.

주고 베풀어서

그렇다
참다운 은혜
드러나지 않게 베푸는 아내
대자연이
은연중에 많은 혜택을 주듯이

은혜를 베푸는 아내
그 마음 물같이 맑다
저절로
근심 걱정 사라져
강물처럼 흐르는 삶

주고 베풀어서
손에 가진 것 없어도
주고픈 정은
샘물처럼 솟는 아내.

아내 · 66

하나님이
귀하게 맺어 준 연분
나의 사랑하는 아내

해와 달처럼
세상에 우리 둘뿐인 것을

슬픔의 옛이야기
땅이 무너지는 절망은
사랑의 강물에 띄워 보냈다
눈부신 햇빛 속에
새로 엮는
사랑의 행진곡만이 영원히….

하나님이
귀하게 맺어 준 연분
사랑하는 나의 아내

해와 달처럼

세상에 우리 둘뿐인 것을

침실에
핑크빛 사랑으로 가득 채우고
집안 구석구석에
소복소복 쌓인 남는 정

택한 떳떳한 길
크고 작은 복을 깔아
착하고
덕스럽고
보람 있게 사는
새 노래 지어 부르리

하늘을 향해
삶의 행복은
부부의 행복은
이것이라고 아내와 함께
새 노래를 지어 부르리.

아내 · 98

풋냄새 그리고
습습한 바람의 계곡
파인 곳마다
물이 고여 맑듯이

내 가슴
빈 곳마다
아내의 사랑이 고여 따뜻하다

집에 쌓아 둔 것
손에 든 것 없어도
마음속은 빈 곳 없이 차 있다
아내의 사랑이 따뜻하게

그래서
부풀은 희망
느껴지는 행복에 젖어
높아지는 내 숨결을 가늠해 본다

내 가슴 빈 곳마다
아내의 사랑이 고여 따뜻하다

이 세상의 허전하게 빈 곳
다 가득 채우는
아내의 사랑이여
나의 아내여.

힘 있게 솟은 봉우리

나는
하늘로 힘 있게 솟은 봉우리
파릇파릇 이끼 절벽
풋내 섞인 습한 계곡에
아내는 생수 되어 철철 흐른다

태고의 신비와 백합꽃 향내도 지닌
봉우리와 계곡의 생수
세상에 숨긴 명승지를 이루었다

나는 힘 있게 솟은 봉우리
아내는 계곡의 흐르는 생수

하나님이 아는
생명의 신비가 숨 쉬고
여기에서
하나님이 본래 주신
행복의 처음을 느낄 수 있는 곳이어라.

아내 · 20

마음이 울적할 때면
아내와 둘이
여행 떠나고 싶다
사람 없는 곳으로

열흘은 걸어 나와야
사람이 보이는 곳
황무지의 지평선 넘어나
태고의 바람이 부는
깊은 산속으로

거기서
같이 기도하고 싶다

사람들이 없어서
풍족하거나 부족함이 없고
행복하거나 불행한 것도 없는
거기에서
같이 기도하고 싶다

"아내 기도에 응답하소서."
"남편 기도에 응답하소서."

다른 소리 없이
우리들 소리만이
하늘에 들리는 곳에
마음이 울적할 때면
아내와 둘이
여행 떠나고 싶다.

하이얀 면사포 — 제2부

갓 터진 봉오리이기에
처음 본 하늘빛으로 물든 마음
그 순결이 수줍어 흐른다

짝지어 준

세상에 태어나
남다르게 사는 보람을 느껴
내가 한번 크게 웃을 때
진실로 기뻐하며 함께 웃어 주는 사람
아내뿐이다

세상을 살아가면서
땅이 꺼지고 하늘이 무너지는
그 슬픔의 순간
나와 함께 진실로 울어 주는 사람
아내뿐이다

우주의 큰 흐름 속에서
나에게 주어진 시간
나에게 허락된 공간에는
오직
사랑하는 아내가 있을 뿐이다
하늘이 짝지어 준
아내뿐이다.

하이얀 면사포

아내는
하이얀 면사포에 핀
한 송이 꽃

처음 핀 꽃이기에
향내 더욱 싱그럽고
햇빛도 가만히 와 닿는다
상처 날까 두려워

아내는
하이얀 면사포에 핀
한 송이 꽃

갓 터진 봉오리이기에
처음 본 하늘빛으로 물든 마음
그 순결이 수줍어 흐른다

아내는
하이얀 면사포에 핀

한 송이 꽃

탐스럽고 고운 꽃이기에
나의 빠알간 사랑의 열매
파아란 꿈
삶의 짙은 앙금이 열매로 맺으리.

부활의 종소리

살다가 먼저 내가 떠나면
향 피운 곳
떠나지 못하는 내 영혼
아내의 치마저고리에 하아얗게 묻으리

그리고 새벽이슬 맺히듯
마르지 않는 아내의 눈물에 젖어 있으리
조화의 향내가 그윽한 곳에

살다가 먼저 내가 떠나면
향 피운 곳
떠나지 못하는 내 영혼
아내의 치마저고리에 하아얗게 묻으리

그리고 가족과 조객의 찬송가 소리
울음 섞인 기도 소리 들으리
멀리 하늘에서 다가오는
은은한 부활의 종소리를 생각하며
조화의 향내가 그윽한 곳에.

나의 몫

아내에게서 나오는
느낌

그 웃음
기쁨을 넘어 여유로운 나

의지하는 그 팔끼움
세상의 모든 것을 다 얻은 나

그러나
아내의 한숨이
먼 산의 능선 위를 흐를 때
허공 속을 떨어져
자그마한 점이 되는 나

아내의 삶
기쁘고 보람찬 매듭
서글프고 슬픈 매듭
그 책임은
언제나 나의 몫이다.

아내 · 30

새싹의 잔디밭
폭신한 위
노오란 달빛을 더 깔았다
신혼의
아내와 나를 맞으려고

새싹의 잔디밭
폭신한 위
노오란 달빛을 더 깔았다

깊은 밤
벌레 소리 멈출까
바람도 차마 멎는데
아내와 나의
뜨거운 사랑 숨결에 밀려
하늘가 둥근 달이
서편으로 기운다.

배움

어린 나이에
글을 읽고 배우기를 시작하면
평생 삶의 터가 잡히는 것
가문을 빛내는 처음이 된다

풍성한 가을의 기대로
봄에 씨앗을 심는 것처럼

자식들
어릴 때의 배움
이보다 더 중요한 일이 없다
아내는 숙연해진다
삶의 보람이 저울질되듯이

아내는
차원을 달리하여 살핀다
자식들의 배움에

서둘기보다 신중함을

강한 추진보다 설득을
배우는 양보다 내용의 질을
충동보다는 큰 소망을.

강물이 되어

내 얼어붙은 마음속
아내는 한줄기
봄 강물이 되어 흐른다

그 강을 따라
나는 새싹의 희망을 틔운다
봄꽃의 망울 부풀린다
내 생의 힘찬 연주
서곡을 튕기는 파아란 현의 강물

내 얼어붙은 마음속
아내는 한줄기
봄 강물이 되어 흐른다

그 강물에
찌든 마음을 씻는다
죄악스런 앙금을 헹궈 낸다
그리고 뽀오얀 사랑의 알몸으로
푸른 하늘 닿는 데까지 헤엄쳐 가리

파아란 현의 강물 연주에 따라
달빛에도 쉬지 않고 노래하면서.

아내 · 29

험한 세상
내조의 여운에 내 생명
겨우 숨 쉬고 있다

깊은 밤
달에 마음을 새기고서
쓰러져도
다시 가야 하는 삶이여

아내의 기도 소리 스쳐 가는
굽이마다
힘겨운 내 발자국
또다시
햇빛이 고인다
달빛이 꿈꾼다

삭막한 세상
내조의 정성이 길을 닦아 아득한데
아내의 기도가

메아리 지는 하늘
그곳 멀리
내 웃음이 보인다
우리 행복이 자리 잡는다.

참는 미덕

서로 참는 부부
자식들에게 본이 되면
집안이 잘 풀린다는 아내

세상 삶에서
가장 어려운 것이 참는 것
가장 아름다운 것이 참는 것
가장 값진 것이 참는 것

아내는 가정 일 때문에
속이 타도
끝까지 참는다
끝까지 참아내는 아내다

아이들 앞에
참는 본이 되는 아내
가슴속에 까아만 숯덩이를 품고서
참는 미덕의 본이 되는 아내.

마음의 잔

비어 있는
내 마음의 잔에
아내의 책 읽는 모습이

책 속에
새로움이 있고
판단하는 슬기가 있고
노력하는 방법이 있다

터엉 빈
마음의 잔에
아내의 책 읽는 모습이

삶 속에
바라는 것이 있고
가야 하는 길이 트이고
이루어 내는 기쁨이 있어

늘 책 읽는 아내의 모습
내 마음의 잔을 채운다.

아내 · 3

아내에게서 받은 첫 선물
이것은
촉감으로 알 수 없습니다
너무 황홀하여
형체가 보이지 않습니다

아내의 첫 선물
이것은
스쳐 가는 나비의 나래에도
상처 입습니다
보드랍고 곱고
또 아름다움이 있습니다

아내의 첫 선물
이것은
향기를 감추어
아기벌도 한 번 다녀가지 않았습니다
또 고이 간직한
감미로움이 있습니다

아내에게서 받은 첫 선물
이것은
초경의 수줍음이 어리었습니다
태초에 하얗게 핀
첫 백합꽃의 향내가 있습니다
파아란 하늘을 바라보는
눈빛이 있습니다
인류의 사랑을 영원히 이어 가는
빠알간 꿈이 있습니다.

저녁노을

저녁노을에
아내와 함께 물들어 보고 싶다
곱고 빠알갛게

온몸이 그리고 뼛속까지
노을빛으로 물들어
아내와 내가
한 빛으로 녹는 순간
마음 하나
생각 하나
사랑이 한 덩이로 엉켜
뜨겁게 밤을 지새우고 싶다

노을 지는 저녁마다
아내와 함께 물들고 싶다
빠알갛게
우리의 행복을 위하여
삶을 마칠 때까지.

웃는 눈

장마철
먹구름 사이로 비치는 햇빛 속에는
아내의 웃는 눈빛이 있다

그리하여
세상에 그늘진 내 마음이 밝아진다

장마철
먹구름 사이로 비치는 햇빛 속에는
돌아서며 웃는
아내의 하이얀 이가 보인다

그리하여 세상에 긁힌 내 마음
상처가 하아얗게 아문다

장마철
먹구름 사이로 비치는 햇빛 속에는
따끈하게 느껴지는
아내의 정이 있다

나를 사로잡는
아내의 화안한 그 사랑이 있다

햇빛을 처음 만든 나라
장차 그곳에 가서도
지금의 아내와 함께 또다시
사랑의 행복을 누리리
영원한 부부의 행복을.

아내·1

사르르 잠이 깬다
어둠 속에
잠든 아내의 숨소리뿐이다
옆으로 누우니
아내의 살냄새가 난다

추억 속에 흐르는
꽃향기와는 다르다
하늘만 보이는
험준한 계곡 높은 빙벽에
천년마다 한 번 피는 꽃
그 향기가 이 살냄새와 같을는지

어둠 속에 사랑하는
아내의 살냄새가 난다

내 영혼을 평온하게
그리고 흐뭇하게 잠재우는 냄새
새 생명이 태어나는

모태의 향기
아내의 살냄새여.

하이얀 손수건

호주머니에 늘
하이얀 손수건이 들어 있다
아내의 흰 마음이

그래서
흐르는 땀을 쉬면서 닦는다
때로는 눈물도 닦는다
하여 손이 깨끗하고
눈을 씻어 일과 사물들이 잘 보인다
있는 그대로

호주머니에 늘
하이얀 손수건이 들어 있다
아내의 흰 마음이

먼 훗날
하늘을 닦아 놓고
마지막 내 눈물을 닦아 줄
하이얀 손수건
아내의 흰 마음.

빠알갛게 익었습니다

생명과 세상을
주관하여 섭리하시는 하나님
지금의 아내와 짝지어 살게 하여 주시옵소서
먼 훗날 다시 태어나도

지금 아내와 내 사랑은 빠알갛게 익었습니다
쪼갤 수 없이 한 덩어리로
아내와 내 생각은 닮았습니다
평생 외길의 삶을 같이 걸어서
착함과 아름다움을 생각하고
하나님 말씀을 생각하는 삶

생명과 세상을
주관하여 섭리하시는 하나님
지금의 아내와 짝지어 살게 하여 주시옵소서
먼 훗날 다시 태어나도

지금
아내의 눈빛으로 맑은 내 마음

아내와 한 몸이 되어
하는 일마다 행복합니다
하는 일마다 보람되고 평화스럽습니다

그리고
아내가 바라보는 파아란 하늘
그것이 바로 내 하늘입니다
영원한 내 영혼의 하늘입니다

하나님
지금의 아내와 짝지어 살게 하여 주시옵소서
먼 훗날 다시 태어나도.

하도 깊어서

아내의 마음
하도 넓어서
내 마음 날개를 편다

아내 앞에
화를 내며 부딪쳐도
닿는 데가 없다
무너지는 소리를 질러도
큰 메아리가 없다
그 넉넉한 세상
아내의 마음
끝없이 넓어서

아내의 마음
하도 깊어서
내 마음 날개를 편다
세상일에 절망한 내 마음
한없이 떨어져도
바닥이 없어

다시 날개를 편다

그 넉넉한 세상
아내의 마음.

생명의 고향

'만년설' 하면
아내의 허어연 머리가 생각난다

만년설이 덮인 산봉우리
그 깊은 속에는 늘 지열이 있듯이
반백의 아내
그 깊은 속에는
포근하고 따뜻한 마음씨가 살아 있다
나를 이해하는 마음이 있다

세월 속에
아내는 모든 것을 다 묻어 버렸다
그리고
일평생 남모르게 흘린 눈물로
머리털을 흰빛 나게 씻은 아내

아내의 그 깊은 속에는
핏줄을 통하여
대대로 이어지는 사랑의 고향이 있다
대대로 이어 가는 생명의 고향이 있다.

아내 · 86

산에 올라
목을 빼고 노래를 부른다
하늘에 닿을 때까지

제목은 '아내'

물가에 가서도
노래를 부른다
수평선에 메아리 질 때까지

제목은 '아내'

꿈속에서
노래를 부른다
잠자는 내 귀에 들릴 때까지

제목은 '아내'

언제나 노래 제목은

내 사랑
내 생의 전부인
'아내'인 것을.

예를 갖추어

용기에 예의를 갖추면
반드시 성공한다

아내는
자식들 교육에서
잘못을 보고
고함지르지 않는다
무릎을 꿇고 종아리 친다

남편의 잘못을 말할 때는
옷깃을 바로 여민다
아이들이 보는 앞에서

말은 화의 씨앗이 될 수 있고
말은 천복이 될 수도 있다
아내는 자식들에게
예를 갖추어 정중하게 말하고
진지하게 듣는 모습을 몸소 보인다

남의 잘못을 말할 때
예를 갖추고
정중하게 하는 습관
가르침 중에서 으뜸으로 생각하는 아내.

아내 · 34

나는 달을 품고서 산다
마음이 외로울 때
가슴속에 초승달이 뜬다
미소 짓는 달의 눈썹에서
조용히 사랑을 배우고
행복의 처음을 느낀다

나는 달을 품고서 산다
마음이 흔들릴 때
가슴속에 반달이 뜬다
반을 보여준 달의 얼굴에서
다 차는 기다림을 깨닫고
심장은 희망으로 다시 뛴다

나는 달을 품고서 산다
마음이 어두울 때
가슴속에 둥근 달이 뜬다
낮보다 아름답게 환한 달빛 속
아득히 가야 할

나의 길이 트인다

나는 달을 품고서 산다
가슴속에 달이 뜰 때
황홀한 고마움에 눈을 감고
달빛 자락을 잡으면
그것이 바로
아내의 치맛자락인 것을.

자신의 삶

윗집 사람들의
그릇됨을 귀담아 듣지 않는다
아랫집 사람들의
허물을 소문내지 않는다
옆집 사람들의
굶주림에 밤이면 곡식 자루 넘겨 둔다

너그러운 이해
너그러운 일 처리
베푸는 아량

자신의 삶으로
자식들에게 본이 되는 아내.

아내 · 22

이른 봄
아직 눈에 덮여 대지가 하얗다
그 위에 얼음 풀린 파아란 강물
한 줄기
크고 긴 악기의 현이 되었다

겨울 집을 나서
차가운 물에 처음
강가에 앉아 빨래를 한다
아내는 옷을 빠는 방망이로
하아얀 대지의 울림판에 걸친
크고 긴 강물의 현을 두드린다
아내는 방망이로
찬란한 봄의 서곡을 치는 것이다

그 봄의 서곡은 울려 퍼져
얼어붙은 땅속
새싹의 움을 틔우고
나뭇가지에 꽃망울 눈을 부빈다.

호수

내 숨결 따라 흔들려
아내의 속눈썹 가만히 열린다

그 속에 펼쳐지는 호수
하늘의 달이 들어 있다
달을 스치는 얇은 구름도 있다
들여다보는 시선 따라
내 몸이 가볍게 떠다니는 호수

내 숨결 따라 흔들려
아내의 속눈썹 가만히 열린다

그 속에 펼쳐지는 호수
마음 아픔이 다 녹았고
마음 슬픔이 다 녹았고
감격의 눈물도 보태진 맑은 물
밤하늘이 떠 있는 깊은 호수
내 영혼
사랑에 취해 파아랗게 수영한다.

아내 · 10

아내가 빨래를 한다
세탁기가 옆에 있어도 가끔
손으로 빨래를 한다

남편의 옷이라서
힘이 들어도
손으로 빨고 싶은 마음
아내의 마음이여
따스한 사랑이여

아내가 빨래를 한다
세탁기가 옆에 있어도 가끔
손으로 빨래를 한다

남편의 옷이라서
손으로 때를 빼고 싶은 아내

빨래를 하면서
비누 거품마다

달콤한 생각을 부풀리고
또 비누 거품 속에
하얗게 빨아낸다
남편의 마음을

아내는 비누 거품 속에
사랑의 때도 닦아서
빠알갛게 만든다
하나님이 태초에 주신
빠알간 부부의 사랑으로.

흰 구름자락을 잡는다

해면같이
아내의 사랑이 스며든 내 몸
피부 어디든 누르면
터져 나올 것 같다
핑크빛 아내의 사랑이

그리하여
내 마음은 흥건히 젖어 있다
늘 아내의 그 사랑으로
생각도 촉촉이 젖어 있어
정이 묻어난다

해면같이
아내의 사랑이 스며든 내 몸
따뜻하고 황홀함이 배어
알몸 피부에 내비치고 있다
아내의 사랑이 핑크빛으로

그리하여

행복의 수면에 뜬 내 삶
하늘의 한 점
구름자락을 잡는다.

백자

색과 선
마음 끌리는 백자

뽀오얀 색
그 순수함에 내 생각 닿으면
얼룩질까 저어
차라리 눈을 감는다

선과 색
마음 끌리는 백자

아내는 그 백자
터엉 빈 속에
집안의 웃음소리를 채운다
그리고 열린 창문을 통해서
백자의 하이얀 배가 뽈록하게
파아란 하늘색과 햇빛을 섞어 담는다

그 순간

내 거친 기침 소리 섞일세라
나는 옆에서 숨을 멈추며 지켜보고 있다.

생명의 전부   제3부

결혼하고 살면서
내 귀의 하늘이 처음 열렸다
아내의 다정한 목소리 듣고서

또
목숨 같은 사랑을 느꼈다
남성으로서의 행복을 얻었다

생명의 전부

결혼하고 살면서
세상의 가장 순수함을 느꼈다
아내의 눈빛에서

처음으로
순박함을 배웠다
아내의 웃는 얼굴에서

결혼하고 살면서
내 귀의 하늘이 처음 열렸다
아내의 다정한 목소리 듣고서

또
목숨 같은 사랑을 느꼈다
남성으로서의 행복을 얻었다

아아
내 삶의 짝이요
내 사랑의 짝이요

아내는
내 생명의 전부인 것을.

가야 하는 길

아내
아내가 가야 하는 길이 있다

안개 속으로 뻗은 길
그리고
아픈 마음 끌고라도 가야 하는 길이 있다

행복에 취하여도
때로는 폭풍우 몰아쳐도
슬픔을 안은 채 눈물의 강을
끝내 건너가야 하는 길이 있다

세상이 무너지는
절망에서도 가야 한다
아내만이 가야 하는 길이 있다
달빛 속에서도 남편의 뜻을 찾아서
아내의 길
아내가 가야 하는 길

영원히 변치 않는
파아란 하늘에 이어지는 길
아내만이 가야 하는 길이 있다.

잘 익은 가을 햇빛을

세월 속에
반백이 된 아내

이제
세상 사람들이 울 때
조용히 홀로 웃을 수 있는 아내
그 흘러온 삶을 아득히 느껴 본다

세월 속에
반백이 된 아내

이제는 눈물 없이
마음으로 울 수도 있다
아름다운 시의 세계에서
차갑고 또 여유 있는 정을 느낀다

가을에 익어 가는 과일처럼
높은 하늘의 색깔에
아쉬운 듯 마음을 씻는 아내

조용한 생각에는
잘 익는 가을 햇빛을 섞는다.

아내 · 84

집이 있는 동쪽에서
바람이 불어온다
그 바람 속에
아내의 마음이 들어 있다
대문 옆 개나리꽃 향이 묻은 채

집이 있는 동쪽에서
바람이 불어온다
그 바람 속에 아내의 정이 들어 있다
내 옷자락을 흔든다
집으로 빨리 오라고
대문 옆에 아내가 서 있다면서

아, 야속한 바람
왜 되돌아갈 줄 모르노
"내 마음은 아내 곁을 떠날 수
없어 집에 두고 왔다."고
전해 줄 줄을 모르노.

속살

탐스런 복숭아
잎으로 햇빛을 가린 부분 속살 뽀오얗듯
남편 앞에서도 버릇처럼
늘 옷깃을 여며 가리운 아내의 속살

수줍어하는 마음
아니 겹겹이 옷을 싸아 간직하는 뜻
그 뽀오얀 아내의 속살 마음이여

일평생
가정의 그늘 속에 숨겼다
억세지 않고 그저 보드라운 속살
남편 앞에서도
속옷에 싸아 조금 보이는 속살

부끄러움이 멀리 사라진 이 세상에
드러내지 않고 가리기만 하는 순결함
아내의 뽀오얀 속살 그 마음이여.

하늘빛이 배어들고

가정의 그늘
곱게 마르는 꽃잎처럼
웃음의 향기가 넘치는 아내

마음은 하늘빛이 배어들고
햇볕에 웃음의 향을 익힌 아내

가정의 그늘
곱게 마르는 꽃잎처럼
눈물의 향을 풍기는 아내

삶의 굽이마다 얽힌 사연
빠른 세월의 서글픔이
달빛에 녹아들어 향내가 난다
눈물에 섞여 흐르는 향
그 향 풍기며
곱게 마르는 꽃잎의 아내.

분수의 요람

분수의 요람

욕심을 버린 절제 속에
넉넉한 마음

분수의 요람

절제하는 즐거움 속에
부끄러움이 없는 가난한 삶

분수의 요람

심하게 흔들리는 세파일수록
넉넉한 마음
편안한 느낌
떳떳한 가난

타고난 분수에 맞는
아내의 그

느낌 마음 가난이
창가에 놓인 춘란의 잎들로
처질 듯 처질 듯 뻗어 나갔네.

없어도 있다

아내에게는
황금 보석의 장신구가 없다
그러나

아내에게는
태연스럽게 웃는 눈빛이 있다
쪼들리지 않는다
서둘지 않는 넉넉한 마음이 있다

아내에게는
반갑게 부르는 자식들의 목소리
마음에 젖어드는 남편의 정이 있다
그 사랑의 흐뭇함이 있다

아내에게는
황금 보석의 장신구가 없다
그러나

눈을 감아도 느껴지는 행복이 있다

삶의 끝에 가서
하늘에 들어갈 영혼이 있다
하늘빛으로 파아랗게 물들어 가는
기도 속의 영혼이 있다.

아내 · 35

햇빛이 좋아서
손으로 움켜도 잡히는 것 없듯이
홀로 객지에서
아내의 정 느끼며
껴안아 보다가 허전히 웃는다

꽃향내 좋아도
보자기에 못 싸듯이
집에 두고 온
아내의 정 그리고
보살피는 따스한 손길
떨어져 그리는 정
안타까움 그것이 부부의 삶 전부인데
눈물을 흘리며 깨닫는 아픔이여

이 아픔 사랑인 것을
부부의 행복한 사랑인 것을.

생명의 꿈

아내의 붉은 치마
내 사랑의 고향

고삐 끊어진 황소처럼
날뛰며 방황하던 내 첫사랑
그 휘파람 소리
아내의 붉은 치마폭에 처음 머물렀네

아내의 붉은 치마
내 사랑의 고향

아름드리나무
온종일 뿔로 비비는 황소의 힘처럼
용솟음치는 내 사랑
아내의 붉은 치마폭에 포물선을 그리고 잠든다
달콤히 삶을 느끼며
영원히 이어지는 생명의 꿈을 꾼다
영원한 행복의 꿈을

아내의 붉은 치마
내 사랑의 고향.

하나가 되어

아내의 가슴을 대하면
피부의 따스함
보드러운 촉감이 아니다
그저 은은하게 식지 않은 뜨거움
땅속 깊은 곳에서 우러나온 체온이다

아내의 가슴을 대하면
포근함이 마음을 안아
눈은 뜰 수 없이 감기고 만다
그리고
황홀한 신비가 느껴진다

오, 하나님
내 갈비뼈가 녹은 아내
그 가슴이온데
닿으면 그렇게 따스하고
황홀한 사랑
생명이 꿈틀대는 신비가 느껴지게 되옵니까
이것이
하나가 되는 영혼의 결합이옵니까.

아내 · 23

아내의 눈물
그것은
몸이 아파서
뒤트는 괴로움의 눈물이 아니다

아내의 눈물
그것은
마음이 슬퍼서
심장을 쥐어짜는 눈물이 아니다

아내의 눈물
그것은
가정의 그늘에서 곱게 말린
꽃잎 같은 삶 그것이
조용히 녹는 물
색깔도 향도 없는 물이다

아내의 눈물
그것은

남편을 위한 새벽 기도에서
영혼이 녹은 물
세상에서
가장 순수하고 성스런 물이다.

새 생명이 태어나는

아내의 살냄새

추억 속에 느껴지는
그 꽃향내가 아니다
어린 시절
내 얼굴을 파묻던
어머니의 포근한 가슴 냄새도 아니다

아내의 살냄새

하이얀 면사포에 고이 싸아
이 넓은 세상
나에게만 준 것
내 영혼의 가슴에
하나님께서 주신 오직 하나의 아름다운 향내

아내의 살냄새

나의 삶과 행복이 익어 가는 향내

새 생명이 태어나는
영원한 모태의 향내.

아내 · 11

면사포에 싸아
그리고
하이얀 옥쟁반에 받쳐든
꽃잎 두 쪽
봄비에 씻기운 듯
윤기 아직 어린 채
수줍어 수줍어
진분홍 빛 터질 듯이 머금었네

면사포에 싸아
그리고
하이얀 옥쟁반에 받쳐든
진분홍 꽃잎 두 쪽

고이 숨겨 가꾼 순결이여
터지는 첫사랑
아내의 입술이여.

지금은

지금은
귀밑으로 여린 살냄새에 취한다, 아내의
어느 꽃향이 여기에 비하리
천 길 벼랑의 차이가 있고
식물의 냄새는
그 처음의 하늘이 다르다

지금은
그 속살 냄새에 취한다, 아내의
흐뭇한 설렘
때로는 깊은 세상 평온함에 빠져든다
아내의 그 뽀오얀 속살 냄새
남자로서의 행복이 초와 같이 녹아 흐른다
떠도는 내 영혼도
여기에 머물러 취한다
억만년 핏줄이 이어지는 냄새
영원한 행복
하늘문에 이어지는 살냄새에.

아내 · 248

해변의 백사장
아내와 둘이서 나란히 걷는다

천년의 세월을 두고 밤낮없이
밀려드는 바닷물에 몸을 씻는 모래
돌덩이 하나 모래알 되도록
씻고 또 씻고 천고의 결백이여

해변의 백사장
아내와 둘이서 나란히 걷는다

여기에서
표현하는 말은 거짓이요
표현하는 몸짓도 거짓이요
깨달았다는 느낌도 거짓이다

맨발로 걸으면서
아내와 한 몸이 되어
파아란 하늘빛을 호흡할 뿐이다.

인품

향기로운
인품을 지닌 아내

설명을 늘어놓지 않아도
인품의 향내가 나는 아내
한 송이 꽃
말 없는 가운데
그 지닌 향내가 풍기듯이

항아리처럼 비워진 마음
그저 나누며 베푸는 일
겸손하여 휘어질망정
부러지지 않는 바른 마음의 아내

어려운 삶의 길에서도
너그러워 여유 있는 몸짓
그 인품의 향내가
찬바람 속에 백목련의 자태로
피어나는 아내.

한 줄기 강이 있다

아내와 나에게는
한 줄기 강이 있다
가슴속
마음의 파아란 강물이

그 강에 해가 솟으면
배를 띄워
아내와 함께 노를 잡는다
따르는 새들의 소리도
평화롭게 깔려 물에 젖는다

아내와 나에게는
한 줄기 강이 있다
가슴속
마음의 파아란 강물이

그 강에 달빛이 황홀하면
아내와 나는
알몸으로 수영한다

가끔 얇은 구름자락이
다행스럽게 달을 가려 준다

그 강은 끝내
멀리 하늘에 흘러든다
아내와 나의 영혼
파아란 물에 떠서 행복한 노래 부르면서.

아내 · 90

주춧돌을 보면
가정에서
아내를 이해할 듯하다

집채 무게에 눌려
몸이 반은 땅에 묻힌 돌
일평생
기둥을 떠받들고 살기를
운명으로 택한 돌이기에

가끔 소중히
주춧돌을 닦는 아내를 보면
그 뜻을 알 듯하다

돌덩이 깨지면
기둥과 대들보가 기운다
집 안에 찬바람
빗물이 새어 들기에

주춧돌을 보면
가정에서
아내를 이해할 듯하다

운명을 같이 한 희생
열 길 땅속에 눌려 묻혀도
피가 말라 쓰러져도
죽어서까지 견뎌야 하는
같은 운명의 희생이기에
하나님 앞에 스스로 택한
운명의 보람이기에.

시새움하듯

자식들은 언제나 얻어
품 안에서 보살필 수 있는 천륜이고

부모님은
한 번 떠나시면
다시 모실 수 없는 천륜이기에

부모님 입맛에 맞는 음식
날씨 계절에 어울리는 옷
근심 걱정이 없는 편안한 마음
재미있고 즐거운 어울림
행복한 꿈이 어리는 이부자리

아내와 나는
시새움하듯 챙겨 드린다
부모님 눈을 피해 함께 웃으면서.

아내 헌장

아내는
하늘이 정해준
남편과 결혼을 한다

아내는
남편과 한 몸이 되어
가정의 주인이 된다
살림의 처음이 되고
행복한 사랑의 원천이 된다

아내는
하늘의 뜻에 따라
남편과 함께
자식을 낳는 근원이 된다

아내는
햇빛이 있는 세상에서
인류를 보전한다
그리고

사랑의 꽃을 피우고
행복과 평화를 낳는다
영원한 부부의 새 하늘을 낳는다.

내조

나의 직장생활에
내조하는 아내

일처리에는
"공정하고 직장 발전에 도움이 되어야 하지요."
"정당한 방법으로 창의성이 있어야 하지요."
"멀리 보는 좋은 결과가 있어야 하지요."

일하는 자세에는
"직장에서 제일 부지런해야 하지요."
"긍정적이고 적극적이어야 하지요."
"협조적이고 조화로워야 하지요."
"연구하고 분석하고 반성해야 하지요."
"늘 보람차고 즐거워야 하지요."

지성과 감성이 조화된 차원
덕스럽고 여유 있는 능력의 직장인

그리고

휴게실에서 창밖을 내다볼 때는
가정을 꼭 생각해야 한다고
조언하며 내조하는 아내.

마음의 고향

마음이 피곤하다
불안에 쫓기면서 주저앉아 있다

그럴 때면
아내가 다가온다

최선을 다하는 당신인데
하나님께 기도하는 당신인데
나도 기도하는데

말하는 아내의 눈빛에
빨려 들어가는 나
아내의 가슴 깊은 마음속에
아늑하게 자리한다
내 마음은

맥박이 다시 뛰고
호흡이 살아난다

아늑하고 포근한 아내의 마음속
내 마음의 안식처
내 마음의 고향이 된다.

하늘의 맛

붉은 입술
꽃잎 두 쪽으로 몸을 가렸다
희고 흰 아내의 이

마음이 착하여
웃을 때만 잠시 나타난다
하이얀 몸으로 하늘의 천사처럼

천년 묵은 얼음 쪽처럼
희고 깨끗한 순결함이여
때로는
잘 익어서 갓 터진 석류알
껍질 벌어진 틈으로
하늘을 처음 본 순정이 있다
신선한
그 시고 달콤한 하늘의 맛을 연상케 한다

붉은 입술
꽃잎 두 쪽으로 몸을 가렸다
희고 흰 아내의 이.

속잎처럼 뽀오얗다

아내의 마음
늘 새 속잎처럼 뽀오얗다

살림을 하면서
찌든 것
아쉽고 아픈 것을 다 눈물에 씻는다
깊은 밤
조용히 달빛 섞어 뽀오얗게 씻는다

아내의 마음
늘 새 속잎처럼 뽀오얗다

세월 속에
서글프고 또
슬픈 것을 다 웃음으로 씻는다
한 줄기 시간의 흐름을 느끼면서
높은 하늘
그 맑은 빛을 섞어 웃는다
웃음으로 다시
아내는 마음을 뽀오얗게 씻는다.

아내 · 33

머얼리 돌아 오십 고개
몸도 마음도
조용히 앉아 있는 아내

그 많은 웃음
꽃잎에 묻어 떠나고
그 많은 눈물
늦가을 갈댓잎 마르는 꿈속에 사라진다

바람 스치면
향내처럼 풍기는 은은한 덕스러움
움직이면 뒤에 남는
따스한 마음의 여유

오십 년 나이 꺼풀 벗고
면화송이 솜털로 피어나는 아내
이제 겨울을 생각하며
뭉클뭉클 새 솜뭉치처럼
하이얀 꿈을 꾸는 아내여.

곱게 물들어

해맑은 날씨
가벼운 옷차림으로 오르는 산

계곡의 흐르는 물소리여
멈춰 다오
부엌에서 아내가 손 놀리며 물 쓰는 소리
그 소리 멀리 이곳에서 듣고 싶다

시원한 솔바람아
멈춰 다오
집에서 나를 생각하다가 풋잠 든
아내의 숨소리를 듣고 싶다

아름다운 새소리들아
멈춰 다오
아내가 부르는
마음의 그 소리를 듣고 싶다

울긋불긋 단풍 든 잎들아

흔들어 대지 말아 다오
내 눈은
아내의 깊은 속사랑의
빠알간색에 물들어 있다.

아내 · 56

신혼여행 때
밤새워 우리의 행복을 빌어 준
그 달빛

아내와 함께 집 앞을 거닐면서
도란도란 땅콩을 먹는다
노오란 달빛을 묻혀서
가끔 콩을 반쪽씩
나누어 먹는다

신혼여행 갔을 때
밤새워 우리의 행복을 지켜 준
그 달빛

어둡고 험한 세상
우리의 앞길을 밝혀 주는 달
행복한 곳으로만 인도하는 고마운 달빛

아내와 둘이서 오늘 밤도

달빛을 듬뿍 몸에 묻혀
잠자리에서 노오란 꿈을 꾸어 보리
행복한 꿈을 꾸어 보리.

공기 속에

작지만 아늑한 내 집
값진 물건들은 없다
그러나 집 안에 가득 차는 것
아내의 정이 있다

불을 끈 어둠 속에서도
골수에 배어드는 달콤한 것
아내의 따스한 정이 있다

뜰에 나가 서성이면서 손을 저어 본다
공기 속에서도 가득한 것
아내의 정 따뜻한 사랑이 있다
나무에도 묻어 잎은 윤이 난다

행복감에 사로잡혀 눈을 위로 뜨니
쏟아지는 달빛이
하늘로 다시 밀려 올라간다
뜰에 차고 넘치는 아내의 정 때문에
아내의 그 따뜻한 사랑 때문에.

아내 · 42

맑은 하늘
차가운 날씨

하늘로 치솟은 얼음절벽 위
감히 바라보게만 피는
한 송이 꽃봉오린 양
동화 속의 선녀 같은 동정녀
가지 꺾여
하이얀 면사포를 쓰고 피어난 아내

가정의 그늘에서
웃으며 꽃잎처럼 곱게 마른다
가끔 닦지 않는 눈물이 흐른다

마음과 사랑을 다 바쳐
남편의 길 따라
오직 외길 가는 삶
세월이 흘러
허우적허우적 지쳐 가는 아내

보기에 안쓰러워
하늘로 눈을 돌리니
어느새 파아란 하늘빛으로
물드는 아내

그 웃는 모습이 하늘 닮은 아내
그 우는 모습도 하늘 닮은 아내.

나를 맴도는

눈을 감으면
언제나 아내의 모습

깊은 산
솔바람 속에
아내의 속삭이는 다정한 말

세파에 씻기고 씻긴
내 알몸
아내의 살냄새가 배어든 지
오십 년

그저 속없이
연연해하는 나의 정
그 정 때문에
달의 궤도처럼
나를 맴도는 아내.

등산하면서

높은 산에 오르려고
계곡 입구에 다다르자
물가에 외로운 집 한 채
호기심에서 가까이 가니
인적은 없고
추녀 밑으로 벽에는 약초들이 주렁주렁

허전한 마음
되돌아서 몇 발짝 떼니
길 옆 바가지만 한 돌덩이에 눌려
비스듬히 목을 빼고 핀 꽃 한 송이
반갑고도 힘겨워 보인다

꽃 이름은 몰라도 송화다식 크기
들국화 향내 비슷하고 마음에 들어
집에 두고 온 아내 생각이 난다

너 같은 아내가 아니라
아내 같은 네 모습이라 마음이 더 간다

산봉우리에 높이 올라갈수록
하늘이 가깝고
시야가 넓어져서
인생 차원의 깨달음도 있지만

하산하면서
낮은 곳일수록 꽃이 보이고
가정의
아내 생각도 새로워져
인생 차원의 깨달음도 더 크다.

아내 · 62

해면 속에 물이 스며들 듯
내 몸속에 가득
아내의 사랑이 스며들었다
분홍빛 사랑이

그리하여
내 말에는
분홍빛 향기가 있고
내 노래에는
분홍빛 운율이 있으며
내 마음에는
분홍빛 여유가 있고
내 몸짓에는
분홍빛 여운이 남는다

해면 속에 물이 스며들 듯
내 몸속에 가득
아내의 사랑이 스며들었다
분홍빛 사랑이.

뿌리

나는 벼랑에 나무로 솟았다
아내는 뿌리

천 길 절벽 모진 비바람에
우뚝한 나무
돌 쪼개어 틈마다 뿌리로 박고
평생 버티는
아내의 뜻이여
그 희생이여

나는 벼랑에 나무로 솟았다
아내는 뿌리

천 길 절벽 얼어붙는 눈보라에도
오직 하늘을 향하여 흔드는 가지의 푸르름
그 꿈만을 위하여
어둔 돌 틈 속에 뿌리로 뻗는
아내의 뜻이여
사랑의 희생이여.

몸이 말라 뒤틀려도

아내에게는 생수가 있다
내 영혼이 마시는 생수

세상이 무너지는 괴로움
몸이 말라 뒤틀려도
내 영혼은 싱싱하다
늘 푸른 하늘을 바라보는 눈
그 눈빛이 녹은 아내의 생수가 있어서

아내에게는 생수가 있다
내 영혼이 마시는 생수

삶과 죽음이 갈리는 괴로움
육체의 흔적이 없어져 가도
내 영혼은 싱싱하다

늘 새벽하늘을 열어 놓고
간절히 기도하는 마음
그 마음이 녹은 아내의 생수가 있어서.

아내의 정

아내의 정
보자기에 쌀 수 없어도 좋다
사무실에서 글씨를 쓰다가도
가슴만 조금 열면
순간 향내처럼 들어와 느껴진다
사르르 감미롭게

아내의 사랑
짐 꾸리지 않아도 좋다
낯설은 곳 천리
외로워서 마음만 조금 열면
달빛에 묻어와서 핏줄마다 녹아든다

나른하여 꿈에 들면
아내와의 사랑
행복의 천국인 것을.

아내 · 97

그저
맑은 공기만
숨 쉬는 코가 아니다

가정과
남편을 위한 희생
지치다 못해 가슴속이 타
단내가 나는
아내의 코

어렸을 때
꽃향내만을 찾았는데

그저 맑은 공기만
숨 쉬는 코가 아니다

가족과 그리고
남편을 내조하며 기도할 때
마음 깊은 곳에

영혼이 타는 냄새를 맡는
아내의 코

오, 하나님
먼 훗날
마지막 산소 호흡기를 떼면
당신 나라에서
꽃향내만 맡게 하소서.

마음을 닦는다

아내는 일하면서
마음을 닦는다

은수저를 정성들여 문지르면서
마음을 닦는다 뽀오얀 은빛 나도록
그리하여
나는 수저로 음식을 먹을 때마다
아내의 마음을 섞어 먹는다
그 은빛 마음을

아내는 일하면서
마음을 닦는다

얼룩진 창을 닦는다
햇빛이 잘 들어오고
맑은 하늘이 가까이 보이도록

가정의 울타리
행복한 가정의 그늘 속에

창문을 닦으면서
아내는 마음을 닦는다 화안하게
하늘빛 나도록.

빛이 나게

거치른 원석 덩이
정성들여 아름다운 보석 만들듯

아내와 나는 함께
마음을 합쳐 놓고 소중히 다듬는다
곱고 부드럽게
그리고 덕스럽게 갈고 닦는다

거치른 원석 덩이
정성들여 아름다운 보석 만들듯

아내는 나와 함께
합친 사랑의 덩이 놓고 다듬는다
정을 문질러 따뜻하게
그리고 둥근 거기에
영혼을 더 바른다
값지고 귀하게
어디에서나 영원히 빛이 나게.

자랑할 욕심이 없다

하나님이 주신 가난

아내는 남의 시선을 끌지 못한다
자랑할 욕심이 없다
아내는
머얼리 하늘을 바라보는
파아란 웃음의 꿈이 있을 뿐이다

하나님이 주신 가난

탐나는 빛의 보석이 없다
남의 눈길을 흔드는 반지 귀고리가 없다
그러나 아내는
하늘빛으로 물든 마음이 있다
하늘빛으로 물든 눈빛이 있다

하나님이 주신 가난

집안에 꽉 차는

이름 있는 피아노 전축이 없다
그러나
눈을 감으면
아내가 늘 부르는 소리
찬송가의 여운이 은은하다
이른 새벽
엎드려 하늘문을 간절히 두드리는
기도 소리가 있다
아내의 기도 소리가.

금혼식

밝혀진 청홍 두 개의 촛불
콩닥콩닥 두근두근 가슴 뛰던
신혼 첫사랑의 붉은 덩이

그 사랑의 붉은 덩이
우리 부부의 가슴속 깊은 곳에
수줍어서 숨어 지낸 지 오십 년
황홀한 덩어리로 금빛이 되었네

그 순정의 조각들
아들딸로 귀엽게 태어났다
때로는 금빛 사랑으로
부지런해서 느낀 복
이웃과 어울려 지낸 정
베풀면서 살아온 여유

아내와 한 몸 되어
금빛 사랑으로
세월을 씻어 내리는 폭포처럼

물 위에 뜬 한 쌍의 새처럼
남은 시간
즐기며 하아얗게 살아가리
행복하게 살아가리

하나님의 은총 속에서.

내 품에 안겨

고달픈 길
같이 걸어왔고 앞으로 살아가며
끝까지 사랑할 아내

오래 살다가 내 앞에서 죽어 다오
차라리 내 품에 안겨 죽어 다오
그 따스한 체온을 다 나에게 주고
떠나지 못하는 그 정은
나의 목에 친친 감아 놓고 죽어 다오

내 눈물 섞은 물로
몸에 묻은 고생
몸에 배어든 가난을 깨끗이 씻은 후
값싼 수의지만
소리 내어 울면서 잘 입히겠소
가급적 노오란 삼베로 염을 하겠소
내 손으로 직접

그리고 햇빛 잘 드는 곳

색깔 좋은 황토에 묻겠소
우리만이 아는 사랑의 첫 추억도 묻고
내 통곡하는 소리 눈물 사랑도 묻고
자식들의 마지막 "엄마" 소리도
하늘나라에 가는 영혼을 위한
목사님의 기도 소리
조객들의 찬송가 소리도 묻겠소
솔잎 향내 섞인 바람
땅속 환하게 햇빛도 묻고
결혼식장 밝힌 청홍 두 개의 촛불 빛도 묻고
맑은 하늘도 함께 묻어 주겠소

옆에 나란히 내가 묻힐 곳을 보면서.

아내 사랑의 연작시

結婚紀念日 膳物

발행 l 2018년 8월 27일
지은이 l 이재흥
펴낸이 l 김명덕
펴낸곳 l 한강출판사
홈페이지 l www.mhspace.co.kr
등록 l 1988년 1월 15일(제8-39호)
주소 l 서울시 종로구 인사동길 5, 408(인사동, 파고다빌딩)
전화 02-735-4257, 734-4283 팩스 02-739-4285

값 12,000원

ISBN 978-89-5794-400-4 04810
      978-89-88440-00-1 (세트)

※저자와의 협약에 의해 인지는 생략합니다.
※이 도서의 국립중앙도서관 출판예정도서목록(CIP)은 서지정보
  유통지원시스템 홈페이지(http://seoji.nl.go.kr)와 국가자료공
  동목록시스템(http://www.nl.go.kr/kolisnet)에서 이용하실 수
  있습니다. (CIP제어번호: CIP2018024611)